AF338807

GÉNÉALOGIE

DE LA MAISON

DE POUTIER DE SONE

DRESSÉE SUR TITRES ORIGINAUX

ET DOCUMENTS AUTHENTIQUES

PAR A. BONVALLET,

MEMBRE DE PLUSIEURS SOCIÉTÉS HISTORIQUES ET ARCHÉOLOGIQUES.

POITIERS

IMPRIMERIE DE H. OUDIN FRÈRES

4, RUE DE L'ÉPERON, 4.

1878

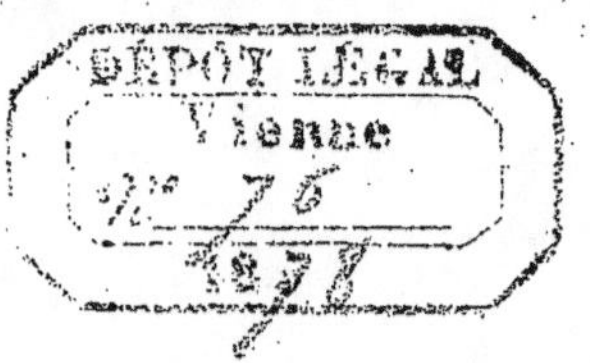

GÉNÉALOGIE

DE LA MAISON

DE POUTIER DE SONE

DRESSÉE SUR TITRES ORIGINAUX

ET DOCUMENTS AUTHENTIQUES

PAR A. BONVALLET,

MEMBRE DE PLUSIEURS SOCIÉTÉS HISTORIQUES ET ARCHÉOLOGIQUES.

POITIERS

IMPRIMERIE DE H. OUDIN FRÈRES

4, RUE DE L'ÉPERON, 4.

1878

DE POUTIER DE SÔNE.

GÉNÉALOGIE

DE LA MAISON

DE POUTIER DE SONE

La maison de Poutier de Sône, actuellement établie dans les départements de la Haute-Marne, de la Charente-Inférieure et de la Vendée, est originaire du Comté de Bourgogne, autrement appelé la Franche-Comté.

Les lettres de chevalerie qui lui furent accordées, en l'année 1633, par le roi d'Espagne Philippe IV, souverain de la Franche-Comté, en récompense des services éminents rendus à la monarchie espagnole par deux de ses membres, les charges qu'elle a tenues, les grades élevés que plusieurs de ses représentants ont acquis dans les armées, les alliances qu'elle a contractées avec un grand nombre de maisons de l'ancienne chevalerie, les preuves des seize quartiers qu'elle a produites dans le courant du siècle dernier, pour différentes réceptions aux chapitres nobles de la Métropolitaine de Besançon, de Château-Chalons, et à la confrérie des chevaliers de Saint-Georges, lui ont assuré depuis longtemps un rang distingué dans l'ordre de la noblesse.

Elle a possédé au Comté de Bourgogne la seigneurie de Sône, d'où les aînés ont tiré le titre de comtes depuis la première partie du XVIIe siècle, les fiefs de Lod, Mamirolle, Sancey.

Chalezeule, Neuvelle-les-Champlitte, Morre, Gennes, Vaire, Trépot, Magney, Nancray, Thise, Gouhelans, Vauconcourt, et enfin en Champagne, Montormentier, Ravenne-Fontaine, avec la grande et belle terre de la Neuvelle-les-Coiffy et du Beuillon[1].

Ses armes inscrites dans tous les ouvrages nobiliaires de la Franche-Comté et notamment dans l'Armorial Général dressé en vertu de l'édit de 1696, sont : *de sable, à la croix engreslée d'argent.* Elle les porte surmontées de la couronne de comte, avec deux chimères pour supports.

L'origine de cette maison, dont le nom est écrit indifféremment dans les anciens titres Poutier, Pouthier et quelquefois Potier, remonte à une époque reculée. Deux chartes datées des mois de septembre 1290 et janvier 1295, constatent la transaction intervenue entre l'abbé, les religieux de Bellevaux et

---

1. Parmi les différents auteurs qui ont fait mention de la maison de Poutier on peut citer : — Loys Gollut, Mémoires historiques de la République Séquanoise, 1592. Edition de 1846. Col. 242 et 1765. — Chiflet, abbé de Balerne. Nobiliaire et armorial de la Franche-Comté, manuscrit. — D'Hozier. Armorial Général de France, dressé en vertu de l'Edit de 1696, reg. de Franche-Comté. Edition de 1875, pages 24. 64. 73. 126. — N... Galerie des familles nobles et patrices de Besançon. mss. — Dunod de Charnage, Mémoires pour servir à l'histoire du Comté de Bourgogne, édition de 1750, chapitre du parlement. — Courchetet d'Esnans, Documents pour servir à l'histoire du Comté de Bourgogne, fonds Moreau à la Bibliothèque Nationale à Paris, manuscrits, vol. 958. 959. 963, passim. — Droz. Fonds Moreau. Manuscrits, tome 870. p. 323. 345. — Labbey de Billy. Histoire de l'Université du Comté de Bourgogne, édition de 1815. Tome II. p. 373, 374, 446, 482, 483 et passim. — Mis de Saint-Mauris. Aperçu succinct sur l'Ordre des Chevaliers de Saint-George du Comté de Bourgogne. 1833. pages 209. 212. — A. Bonvallet. Armorial de la Franche-Comté. 1863, p. 50. 67. 68. 72. — De la Roque et de Barthélemy. Catalogue des gentilshommes de Franche-Comté qui ont pris part aux assemblées de la Noblesse en 1789, édition de 1863. p. 17. 22. — A. Bonvallet et Borel-d'Hauterive. Nobiliaire de Franche-Comté, publié dans l'Annuaire de la Noblesse, années 1865, 1866, 1867, année 1867, p. 387. — etc.; etc....

Jean Poutier, citoyen de Besançon *(Johannes Poterius, civis Bizuntinus)*, au sujet de la donation testamentaire faite par Marguerite, femme de ce dernier, au monastère de Bellevaux. Plus tard, on voit figurer le nom de Lyonnel Pouthier parmi ceux des chapelains de l'église de Saint-Just d'Arbois, cités dans l'acte du 20 décembre 1453, par lequel Imbert de la Platière, écuyer, seigneur des Bordes, constitua le legs fait à ladite église par noble Jeannette Chissey, dont il était le légataire universel. Mais la filiation régulière ne peut être établie, d'après les nombreuses archives de la famille et les différents titres conservés à la Bibliothèque Nationale à Paris, ainsi qu'aux Archives départementales du Doubs et de la Haute-Saône, qu'à partir de Hugues Poutier, par lequel nous allons commencer la généalogie :

I. Noble **HUGUES POUTIER**, né à la fin du xvᵉ siècle, est qualifié de secrétaire de l'empereur dans un acte du 4 novembre 1556, passé devant Jean Recepveur, notaire à Vercel, à l'effet d'autoriser Jean-Guillaume, son fils, à vendre le fief de Neuvelle-lès-Champlitte. Il est dénommé noble et messire dans un autre contrat du 20 avril 1557, relatif à l'aliénation d'une maison audit Neuvelle, consentie par sondit fils, au profit de François de Vergy, baron d'Autrey. D'Hugues Poutier sont issus :

1º Jean Poutier, qui fera l'objet du IIᵉ degré ;

2º Jean Guillaume Poutier, époux de damoiselle Appollonis de Monnet [1], dame de Lod, fille et unique héritière de Guillaume de Monnet, écuyer, et de Jeanne de Lod. Il en eut cinq enfants :

---

1. De Monnet portait : de gueules à neuf besants d'or posés 3, 3 et 3.

a. Jean Poutier, qui figure avec ses frères et ses sœurs dans un titre du 13 juillet 1593, constatant l'abandon fait par Jean-Guillaume à ses enfants de l'usufruit dont il jouissait sur les sujets mainmortables de Sône, et dans deux actes du 23 février 1594, par lesquels lesdits enfants cédèrent leurs parts et portions de la seigneurie de Sône à Pierre Poutier, leur cousin.

b. Pierre, cité dans lesdits actes, ainsi que ses sœurs;

c. Marguerite, mariée à Guillaume Vassaulx;

d. Suzanne, femme de Jean de Goux [1], décédée avant 1595;

e. Blaise, qui épousa Antoine Vaillandet.

II. Noble JEAN POUTIER acquit, le 15 décembre 1566, la seigneurie de Mamirolle, pour laquelle il rendit hommage à l'archevêque de Besançon le 22 janvier suivant. Il fut poursuivi par les Religionnaires, et mourut, le 28 juillet 1572, des suites des mauvais traitements qu'ils lui avaient infligés. Il fut inhumé dans l'église de Saint-Jean Baptiste de Besançon. Son testament, daté du 20 juillet 1572, publié à l'officialité le 12 du mois suivant, et celui de noble Claudine Guyot [2], sa femme, publié le 31 octobre 1585, huit jours après son décès, le qualifient de noble homme et sage messire Jean Poutier, docteur ès droits et citoyen de Besançon. Dans ces deux pièces sont mentionnés les noms de leurs enfants, qui suivent :

1° Jean Poutier, chanoine gradué de la métropole de Besançon, en 1590;

---

1. De Goux : de sable au lion d'or

2. Guyot, seigrs de Verciat et Maiche : d'azur au chevron d'or accompagné de 2 roses en chef et d'une étoile de même en pointe.

2º Pierre, qui continua la lignée ;

3º Barthélemy, jésuite, né le 30 mars 1567, mort le 18 février 1592. Par son testament du 31 octobre 1586, il avait institué Pierre Poutier, son frère, son légataire universel, et avait demandé à être inhumé en l'église Saint-Jean-Baptiste, auprès des sépultures de ses parents ;

4º Jeanne, mariée à N. Guignet [1], châtelain de Moustier-Haute-Pierre ;

5º Marguerite, née à Besançon, le 4 août 1564, morte en cette ville, le 31 janvier 1601, femme de messire Jean Chiflet [2], fils de Laurent Chiflet, comte palatin, conseiller aulique de l'empereur Charles-Quint, et de Jeanne Genevrey de Montureux ;

---

1. En sont issus : noble N. Guignet, recteur magnifique de l'Université de Dôle, marié à Bernardine de Saint-Moris, et Marie-Jeanne-Madeleine Guignet, prieure des Annonciades de Lille en 1634, et fondatrice des Annonciades de Tournay.

2. Du mariage de Marguerite Poutier et de Jean Chiflet est sortie cette remarquable postérité d'écrivains dont a parlé Voltaire dans son Siècle de Louis XIV, comme d'un phénomène littéraire, savoir : 1º Jean-Jacques Chiflet, premier médecin des archiducs et leur conseiller, littérateur et historien distingué, créé chevalier en 1632 ; 2º Pierre-François, jésuite et historien ; 3º Philippe, né en 1597, prieur de Bellefontaine, abbé de Balerne, aumônier de l'Infant gouverneur des Pays-Bas, littérateur et historien ; 4º Laurent, jésuite, auteur de divers ouvrages de piété et de littérature.

De Jean-Jacques Chiflet, cité plus haut, et de Jeanne de Maubouhans son épouse, sont nés : 1º Philippe-Eugène Chiflet de Palante, chevalier, conseiller au Parlement, filleul du roi d'Espagne et de l'Infante Isabelle, aïeul d'Étienne François-Xavier Chiflet d'Orchamps, sgr. de Palante, premier président au Parlement de Franche-Comté, puis au Parlement de Lorraine, père de Marie-Bénigne-Feréol comte Chiflet, pair de France, premier président de la Cour royale de Besançon sous la Restauration, dont le fils unique n'a pas laissé de postérité masculine ; 2º Jules, abbé de Balerne, chancelier de la Toison d'Or, conseiller clerc au Parlement en 1658, littérateur et historien ; 3º Jean, chanoine de Tournay, aumônier de l'Infant gouverneur des Pays-

— 6 —

6° Louise, née le 23 août 1569, épouse de Thomas Petremand [1], écuyer, co-gouverneur de la cité impériale de Besançon.

III. Noble PIERRE POUTIER, premier professeur royal de droit en l'Université de Dôle [2], conseiller en la cour souveraine du Parlement de Franche-Comté, par lettres de provisions, du 14 décembre 1593, seigneur des deux Sône (Sône le Grand et Sône le Petit), Mamirolle, Sancey, Oirières et autres lieux, fut employé par le roi d'Espagne dans plusieurs missions importantes. Il conduisit avec habileté et prudence les négociations qui amenèrent la réduction de la ville de Cambrai à l'obéissance de Sa Majesté Catholique, ainsi qu'il appert par les lettres de chevalerie qui furent accordées, en 1633, à Denis Poutier, son fils. En 1591, Pierre Poutier présenta à l'archevêque de Besançon l'aveu de la seigneurie de Sône, dont il avait réuni les différentes parties. La même année, il rendit foi et hommage au seigneur de Belvoir pour Oirières et Sancey, et en 1593, au comte de Champlitte, gouverneur du Comté de Bourgogne, pour le fief de Mamiroles. Suivant contrat passé devant Fourot, notaire à Pontarlier, le 6 mars 1590, il avait épousé Denise Franchet [3], fille de Denis Franchet, écuyer, seigneur de

---

Bas, auteur d'ouvrages religieux ; 4° Henri-Thomas, aumônier de la célèbre reine Christine de Suède, et qui a laissé un mémoire sur la numismatique publié en 1656.

Armes : de gueules au sautoir d'argent accompagné en chef d'un serpent de même, mordant sa queue.

1. Petremand : d'azur à trois pommes de pin d'or renversés, posées 2 et 1.

2. Parmi les familles dont les membres professèrent le droit en l'Université du Comté de Bourgogne, à Dôle, on remarque celles de Clerval, de Foucherans, de Chaillot, Vurry, de la Magdelaine, de Marenches, de Boisset, de Saint-Maurice, Dumoulin, Chiflet, du Tartre, Cecile, Poutier, Grivel, d'Amondans, Talbert, de Chapuis, Dunod de Charnage, marquis de Talenay, Despotots, etc.....

3. Franchet : d'azur à une tête de cheval d'argent, lampassée de gueules.

Noironte, et d'Anne Couthenet, son épouse. Il testa, le 1er mars 1601, et mourut peu de temps après. Sa veuve se remaria à Antoine Bereur, conseiller au Parlement, anobli par l'archiduc Albert en 1616. Elle laissait de sa première alliance :

1º Denis Poutier, dont l'article va suivre ;

2º Jean-François, cité au testament de son père, en 1601, mort avant sa majorité ;

3º Jeanne, mentionnée au même testament, et mariée à Claude Bereur[1], conseiller d'Etat aux Pays-Bas, fils d'un premier lit du conseiller Bereur, qui s'était remarié à Denise Franchet, veuve de Pierre Poutier.

IV. DENIS POUTIER, alias DE POUTIER, chevalier, seigneur des deux Sône, Mamirolle, Sancey, Nancray, Chalezeule, Trepôt, Vaire et autres lieux, grand gruyer héréditaire de l'archevêché de Besançon, officier dans les armées du roi d'Espagne et co-gouverneur de la ville libre et cité impériale de Besançon, en 1642, est nommé dans un nombre considérable de titres. Le 10 mai 1633, il obtint des gouverneurs de Besançon un certificat constatant qu'il était issu de l'une des principales et plus nobles familles de la cité. Le 12 novembre de la même année, en récompense des services que lui et son père avaient rendus à la couronne, le roi d'Espagne lui octroya des lettres patentes de chevalerie qui furent enregistrées au Parlement de Dôle, le

---

1. Il n'en eut que trois filles : 1º Marie-Louise Bereur, carmélite à Dôle ; 2º Françoise, femme de Charles Pétremand, bailli de la maison souveraine de Châlon ; 3º Marguerite, mariée à Claude Arvisenet, général des monnaies, dont le fils aîné, Antoine-François, conseiller au Parlement, fut titré marquis d'Arvisenet en 1726. Claude Bereur se remaria à Mlle Matherot de Desnes. — Bereur portait : d'azur au chevron d'or, accompagné en chef de deux quintefeuilles d'argent et en pointe de trois croissants adossés de même.

9 février 1634. Un rôle nominatif, daté du 9 juillet 1634, constate que les habitants des deux Sône lui versèrent la somme de quatre cents francs pour droit de chevalerie. Il eut ordre des archiducs, comtes de Bourgogne, de se trouver aux Etats de Franche-Comté des années 1614, 1621, 1629, 1654, 1656, 1658, 1661, 1662 et 1666. D'après contrat passé le 2 juillet 1616, devant Morelot et Belin, notaires à Besançon, il épousa Jeanne Estienne[1], fille et unique héritière de feu noble et sage messire Antoine Estienne, co-gouverneur de Besançon, et de Louise Gabriel. Devenu veuf, Denis de Poutier contracta, ainsi qu'il appert par un contrat du 10 septembre 1639, passé à Besançon, devant Georges de Vaux et Claude Maillot, notaires, une nouvelle alliance avec Prospère de Maisières[2], fille de feu Jean de Maisières, chevalier, mestre de camp d'un terce Bourguignon au service de Sa Majesté Catholique, son conseiller au conseil de guerre, et de dame Anne-Baptiste de Cambaron. Prospère de Maisières apporta à son mari tous les biens de sa maison. Par leur testament, en date du 10 mai 1665, le seigneur de Sône et sa femme firent le partage de leurs biens entre leurs enfants. Par une clause spéciale, Denis de Poutier affranchit Guillaume Guidet, son serviteur, et sa postérité, de la macule de mainmorte dont ce dernier était affecté comme sujet de la seigneurie de Sône. Devenue veuve, Prospère de Maisières révoqua, en ce qui la concernait, le testament de 1665, et en fit un nouveau, à la date du 4 juin 1674. Elle mourut le même jour et fut inhumée en l'église Saint-Pierre de Besançon, dans le caveau de sa famille.

---

1. Estienne : d'or au chevron de sable chargé de deux trèfles et d'une croisette en chef, le tout d'argent, et accompagné de trois chênes arrachés de sinople.

2. De Maisières, noblesse de nom et d'armes : d'argent à trois quintefeuilles percées de sable, posées deux et une.

Du premier mariage étaient issus :

1° Denis Poutier, chevalier, d'abord capitaine aux Pays Bas, sergent-major en Allemagne, puis commissaire général des troupes de Bourgogne en Catalogne, tué à la prise du fort Saint-Jean-des Rois, au siége de Barcelonne, le 27 juillet 1662, sans alliance ;

2° Hugues, capucin, connu en religion sous le nom de Père Ferdinand ;

3° Pierre, capitaine de cavalerie en Catalogne, tué dans un combat en 1654 ;

4° Claude, seigneur de Mamiroles et de Villerupt, alph're de la compagnie de son frère, puis capitaine en Portugal, mort sans postérité de N. Huot d'Ambre [1].

5° Jean Étienne, seigneur de Trepôt et de Montormentier, dont les armes sont inscrites à tort dans l'Armorial Général dressé en vertu de l'édit de 1696, con me étant *d'azur à une tour d'or*. Il est qualifié de généreux seigneur dans son contrat de mariage, passé à Perçcy-le-Grand, devant Verney, notaire, le 12 décembre 1663, avec Marie-Gabrielle de Trestondans [2], fille d'illustre et généreux seigneur Claude de Trestondans, chevalier, seigneur et baron de Perccy, Montormentier, Escourchamps, et de Gabrielle du Han, veuve en premières noces de Joachim de Villers la Faye. Il en eut deux enfants :

a. Claude-Ignace de Poutier, mort à l'âge de cinq ans,

---

1. Huot d'Ambre : de sable à trois têtes de lévriers d'argent lampassées et colletées de gueules, annelées et clouées d'or, les deux du chef affrontées et une bordure aussi d'or.

2. De Trestondans, ancienne chevalerie : d'azur à trois chevrons d'or couchés en bande entre deux cotices de même.

et inhumé dans le caveau de sa famille, en l'église Saint-Pierre de Besançon ;

b. Marie-Françoise-Aimée, dame de Trépôt, Montormentier et Chalezeule, mariée, d'après son contrat, passé à Besançon, le 1ᵉʳ décembre 1698, devant Collas, notaire, à illustre seigneur François marquis d'Escorailles[1], chevalier, colonel de dragons, seigneur et baron de Bouhans, Saubertier, et Henrarde, fils de François d'Escorailles, seigneur de Villelume, La Barre, Livry en Nivernais, et de feue dame Jeanne-Claude de la Balme ;

6° Claude-Charlotte, femme de Jean-Baptiste de Jouffroy[2], chevalier, seigneur d'Abbans et de Marchaux, fils de Claude de Jouffroy et de Anne de Malarmey. Elle fit enregistrer ses armes à l'Armorial Général, au registre de Besançon, conformément à l'édit de 1696 ;

7° Jeanne-Denise, mariée, en 1650, à Claude de Bressey, écuyer, seigneur de Manoncourt, fils de Jean de Bressey et de Louise de Bildstein ;

8° Marie-Anne, religieuse à la Visitation de Besançon, en 1665.

Du second lit naquirent :

9° Guillaume de Poutier, qui continua la lignée ;

10° Bonaventure, auteur de la branche cadette des seigneurs de Gouhelans, qui sera rapportée plus loin ;

11° Denis, seigneur de Chalezeule, vivant encore en 1699 ;

---

1. D'Escorailles, ancienne chevalerie : d'azur à trois bandes d'or.

2. De cette union naquit un fils qui se fit prêtre et une fille mariée au sieur de la Balme. Armes de Jouffroy : d'or à trois fasces de sable.

3. Il en eut Jean-Baptiste et Nicolas de Bressey, et trois filles Jeanne-Louise, Adrienne et Marguerite. Les armes de cette noblesse chevaleresque étaient : d'azur à deux fasces d'or, la première chargée d'une étoile du champ, au franc canton dextre chargé d'une clef de gueules.

12° Prospère, qui fit enregistrer ses armes à l'Armorial Général, et qui avait épousé Jean-François Bereur [1], écuyer, seigneur de Malans, fils de Claude Bereur et de N. Matherot de Desnes ;

13° Agnès, femme de Joseph de Jouffroy [2], chevalier de Saint-Georges, seigneur d'Abbans et de Villers Saint-Georges, fils du second mariage de Claude de Jouffroy avec Anne de Chassagne.

V. GUILLAUME DE POUTIER, chevalier, seigneur de Sône, Vaire, la Neuvelle-lès-Coiffy et du Bouillon, co-gouverneur de la cité de Besançon, reçut du roi d'Espagne une patente de capitaine d'une compagnie de deux cents hommes d'infanterie, inscrite au registre des montres de Claude-Louis de Falletans, commissaire général des troupes du roi au Comté de Bourgogne. Par contrat de mariage, passé devant Gougenot, notaire royal à Coiffy-la-Ville, au bailliage de Langres, le 2 septembre 1664, dans lequel il est qualifié de généreux seigneur, Guillaume de Poutier épousa Antoinette du Han [3], fille d'Antoine du Han, chevalier, baron de Cusey, seigneur de la Neuvelle, du Beuillon, Choisey et Dardenet, et de dame Charlotte de Chastenay Bricon, et nièce de René du Han, chevalier de Malte, commandeur de Bellecroix, maréchal des camps et armées du Roi, laquelle lui

---

1. Joseph François Bereur, seigneur de Malans, issu de cette union, devint maréchal des camps et armées du roi. Il laissa un fils et sept filles. Armes déjà citées.

2. Claude François de Jouffroy, capitaine au régiment de Lafond, chevalier de Saint-Georges en 1724, qui naquit de cette alliance, fut titré marquis d'Abbans, et épousa Charlotte de Mouchet de Battefort de Laubespin. Armes déjà citées.

3. Du Han, noblesse chevaleresque : losangé d'or et de gueules au chef d'or chargé de deux quintefeuilles de gueules.

apporta tous les biens de sa branche. De cette alliance sont issus :

1° Bonaventure-Hyacinthe de Poutier, qui suivra ;

2° Antoine-Prosper, bénédictin, prieur de Coligny, en 1705 ;

3° Georges-Antoine, capitaine d'infanterie, baptisé à la Neuvelle, le 28 avril 1688, et décédé sans alliance.

VI. BONAVENTURE-HYACINTHE DE POUTIER, chevalier, qualifié comte de Sône, seigneur de la Neuvelle, du Beuillon, Gennes, Morre, Ravennefontaine et autres lieux, pourvu, le 20 octobre 1691, d'une commission de capitaine d'infanterie, contracta alliance, ainsi que l'indique son contrat de mariage, passé devant Perrenot, notaire à Besançon, le 11 juillet 1705, avec Claude-Louise-Benoîte de Montrichard [1], fille de feu Edme-Adrien de Montrichard, écuyer, seigneur de Fertans, Colans, et de dame Gabrielle de Bar. Claude-Louise-Benoîte de Montrichard mourut le 19 septembre 1733, et fut inhumée dans la chapelle seigneuriale de l'église de la Neuvelle. Elle laissait :

1° Charles-Joseph-Hyacinthe de Poutier, comte de Sône, seigneur de la Neuvelle, du Beuillon et autres lieux, capitaine au régiment de Monaco-Infanterie, mort célibataire au château de Sône, le 22 novembre 1744 ;

2° Nicolas-Gabriel, dont l'article viendra ;

3° Gabrielle-Antoinette, mariée, suivant contrat du 11 mars 1734, à François-Nicolas de Rose [2], chevalier, marquis de Dam-

---

1. De Montrichard, ancienne chevalerie : de vair à la croix de gueules.

2 De cette union sont nés : 1° François-Nicolas de Rose, marquis de Dammartin, lieutenant-colonel de dragons, marié à sa cousine germaine Thérèse-Éléonore du Pasquier de Maizod, dont le fils Louis-Joseph marquis

martin , seigneur de Provenchères, Avrecourt, Forlilières et Maulain, fils de Louis-Joseph créé marquis de Dammartin par lettres-patentes du 19 août 1720, et de noble dame Anne Bazuel ;

4° Gabrielle Prospère de Poutier, femme de Joseph-Daniel du Pasquier de Maizod, chevalier, seigneur de la Villette.

VII. NICOLAS-GABRIEL DE POUTIER, chevalier, comte de Sône, seigneur de la Neuvelle, du Beuillon et autres lieux, capitaine au régiment de Lorraine-Dragons, chevalier de Saint-Louis, fut admis le 16 avril 1750 au nombre des chevaliers de Saint-Georges, sur la preuve de seize quartiers de noblesse, vérifiés et signés par MM. de Belot-Villette et de Falletans commissaires désignés à cet effet. Le 16 octobre 1784, il requit acte de la présentation qu'il fit au comte de Mesmes d'Avaux, marquis de Bourbonne, de l'aveu et dénombrement de la seigneurie de la Neuvelle et du Beuillon, mouvante du marquisat de Bourbonne. Il assista aux assemblées de la noblesse du bailliage de Besançon,

---

de Rose, lieutenant-colonel d'état-major, chevalier de Saint-Louis et de la Légion d'honneur, mourut sans postérité de Anne de Tschudy, et fut le dernier de sa maison ; 2° le comte de Rose, chevalier, seigneur de Saulx et de Ravennefontaine, dont les deux filles épousèrent, l'une Jean-Baptiste Girard de Chambrulard, chevalier de Saint-Louis, et l'autre Jean-Baptiste-Charles-Emmanuel, baron de Tricornot, officier supérieur aux Gardes du Corps, duquel sont issus : le baron Adrien de Tricornot (dont le fils cadet vient de relever le nom de Rose), Tom de Tricornot et mesdames Berthot et Hurbain ; 3° Gabrielle-Josèphe de Rose, mariée à Etienne-Louis de Montarby de Dampierre, capitaine au régiment de Montmorin, aïeul du général Toni Louis-Claude de Montarby; 4° Gabrielle-Françoise de Rose, femme de Joseph-Gabriel Chevillé de Champigny, dernier prévôt de Coiffy, morte en 1820. De Rose portait : d'azur au chevron d'or accompagné de trois roses d'argent, deux en chef et une en pointe.

1. Du Pasquier de Maizod, ancienne chevalerie : d'azur à la bande engreslée d'or, accompagnée de deux croisettes récroisettées, au pied fiché de même.

en 1789, et à la suite des troubles et des excès révolutionnaires il émigra avec toute sa famille. « Quoique octogénaire et estropié « d'un bras, — lit-on dans l'ouvrage de M. le marquis de Saint- « Mauris sur l'ordre des chevaliers de Saint-Georges [1], — il fut « des premiers, accompagné de son fils, à rejoindre comme sim- « ple cavalier l'armée de Condé. Ce prince lui ayant fait quel- « ques observations sur sa situation, ce brave vieillard lui ré- « pondit qu'il croyait être bien encore en état de se défendre, « mais qu'au surplus son fils serait à côté de lui, qui ferait bon « pour deux. » Il mourut à Fleurières, en Suisse, le 28 décembre 1792, laissant de son mariage avec Anne Tixerand, quatre enfants dont les noms suivent :

1º Nicolas de Poutier, comte de Sône, dont il sera parlé plus loin ;

2º Rose de Poutier de Sône, mariée, suivant contrat du 12 juin 1789, passé au château de Sône, devant Archeret, notaire à Besançon, à François-Xavier-Augustin Alviset, écuyer, seigneur de Maisières [2], fils de Joseph-François, écuyer, président au Parlement de Franche-Comté, et de noble Anne-Thérèse Flusin ;

3º N. de Poutier dite Mademoiselle de la Neuvelle, épouse de N. Chifoleau.

---

1. Aperçu succinct sur l'ordre des chevaliers de Saint-George au comté de Bourgogne, 1833. — Vesoul, imp. Bobillier, pages 209-210.

2. De cette union est né en émigration à Saint-Sulpice, canton de Neufchatel, Suisse, le 11 décembre 1791, Joseph Alviset de Maisières, chevau-léger de la maison du Roi, en 1814, créé baron par le roi Charles X en mars 1825, marié à Caroline-Eugénie Lestorey de Boulongne, desquels sont issus six enfants : le baron Henri Alviset de Maisières, officier de dragons, Gaston Alviset de Maisières, Mlle Emelie Alviset de Maisières, et mesdames Guillard, Bonvallet et Laureau. — D'un premier mariage avec Anne-Philippe-Scholastique de Bouverot, François-Xavier Augustin Alviset de Maisières avait eu deux enfants : François-Bonaventure Alviset, premier président à la Cour Royale

VIII. NICOLAS DE POUTIER, chevalier, comte de Sône, né en 1749, capitaine au régiment de Lorraine-Dragons au moment où éclata la révolution, émigra et servit dans l'armée de Condé. Il rentra en France en 1803, et mourut à Brennes le 22 juillet 1821, laissant de son union avec Lucie-Joseph des Maizières de Templeuve [1], fille de Louis-Ignace-Joseph des Maizières de Templeuve et de Marie-Françoise-Alexise des Maizières de Vassal, six enfants, savoir :

1º Gabrielle-Brigitte-Chloë de Poutier, née en 1786, décédée sans alliance à Brennes (Haute-Marne), en 1835 ;

2º Achille, mort jeune, en émigration ;

3º Joseph-Rose-Hippolyte, dont l'article suivra ;

4º Charlotte-Rose-Julie, née en 1789, morte célibataire à Brennes en 1835 ;

5º Léopold-François-Gabriel, né au château de la Neuvelle, le 27 décembre 1799, mort vélite des Dragons pendant la campagne d'Espagne;

6º. Louis-Gabriel-Gustave-Joseph vicomte de Poutier, auteur de la branche cadette nº 1.

IX. JOSEPH-ROSE-HIPPOLYTE DE POUTIER, chevalier, comte de Sône, chef de bataillon, capitaine commandant au 6e régiment d'infanterie de la garde royale, le 23 octobre 1815, démissionnaire en 1830, chevalier de Saint-Louis, de la Légion d'honneur et de Saint-Ferdinand d'Espagne, épousa à Langres,

---

de Besançon, mort en 1853, et Apolline Alviset de Maisières, épouse de Charles de Moréal de Brevans. — Alviset porte : de gueules à la fasce d'argent, accompagnée de trois besants d'or, posés deux en chef et l'autre en pointe, la fasce chargée d'une losange aussi de gueules. (Armoirial Général.)

1. Des Maizières de Templeuve, ancienne chevalerie : d'argent au lion de sable lampassé de gueules, couronné d'or.

au mois d'avril 1828, Marie de [Massougne de la Tour[1], fille de Marc Nicolas de Massougne, comte de la Tour, lieutenant-colonel de cavalerie, chevalier de Saint-Louis, et de Catherine-Alexandrine Aubertot de Fresnoy. Le comte de Poutier de Sône est décédé à Fresnoy (Haute-Marne), le 29 octobre 1856, Sa femme est morte à Langres, le 20 septembre 1871, laissant :

1o Joseph-Marc-Achille de Poutier comte de Sône, qui suit :
2o Mathilde-Marie-Gustavie de Poutier de Sône, mariée à Langres, le 17 août 1853, à Ulric Sébastien-Joseph baron de Planta de Wildenberg[2], fils de Rodolphe-Alexis baron de Planta de Wildenberg et d'Angélique de Brienne.

X. JOSEPH-MARC-ACHILLE DE POUTIER comte de Sône, officier de l'armée territoriale, né à Langres le 6 octobre 1829, réside au château de Fresnoy. Il n'est pas marié.

BRANCHE CADETTE. No 1.

IX. LOUIS - GABRIEL - GUSTAVE - JOSEPH, VICOMTE DE POUTIER, capitaine de dragons, par ordonnance du 28 février 1827, démissionnaire en 1830, chevalier de la Légion d'honneur, suivant brevet du 14 décembre 1823, fils de Nicolas de Poutier, comte de Sône, et de Lucie des Maizières de Templeuve, naquit pendant l'émigration à Kreuslingen, près de

---

1. De Massougne de la Tour, ancienne noblesse : d'azur à une tour d'argent ajourée et maçonnée d'azur.

2. En sont issus Conrad et Marie de Planta de Wildenberg. Armes de Planta de Wildenberg, noblesse de nom et d'armes : d'argent à la patte d'ours au naturel renversée et coupée de gueules.

Constance (Suisse), en 1792, et mourut à Saint-Jean-d'Angély (Charente-Inférieure), le 4 février 1873. Du mariage qu'il avait contracté, le 25 octobre 1825, avec Rose-Clotilde-Thérèse-Marie de Coutray de Pradel [1], décédée en la même ville, le 21 avril 1878, fille de Michel de Coutray de Pradel et de Mélanie de Manny, il a laissé :

1° Léopold-Henri, baron de Poutier, qui suivra ;

2° Gustave-Marie-Gabriel de Poutier, né à Saintes, le 12 septembre 1830, marié le 16 octobre 1866, au château de la Ricottière (Vendée), à Cécile de Citoys, fille de Philippe de Citoys et d'Elisabeth Gorin de Pansay, dont il a :

    a. Robert-Marie-Joseph de Poutier, né à Boislamy, commune de Mignaloux-Beauvoir (Vienne), le 14 mars 1869 ;

    b. Clotilde-Marie-Armande, née à la Ricottière, le 26 août 1871 ;

    c. Cécile-Henriette-Marie-Hedwige, née à la Ricottière, le 6 janvier 1875 ;

    d. Gustave-Henri-Marie-Joseph, né à la Ricottière, le 2 février 1877.

3° Lucie-Joséphine-Julie de Poutier, née le 16 juin 1832, au château du Colombier, commune du Gua (Charente-Inférieure);

4° Toni-Hubert de Poutier, mort en 1849, à l'âge de 14 ans ;

5° Adhémar-Joseph de Poutier, né au château du Colombier, le 6 août 1842, ancien lieutenant d'artillerie aux mobilisés de la Charente-Inférieure pendant la campagne de 1870-1871.

---

1. De Coutray de Pradel, noblesse chevaleresque : d'or au chevron d'azur accompagné de trois faucons éployés de sable.

2. De Citoys, d'argent au chevron de gueules accompagné de trois pommes de pin de sable, deux en chef, l'autre en pointe.

X. LÉOPOLD-HENRI, BARON DE POUTIER, né à Saintes, le 9 août 1826, réside à Saint-Jean-d'Angély. Il a recueilli le titre de baron de la branche de Gouhelans. Il n'est pas marié.

BRANCHE CADETTE DE GOUHELANS. N° 2.

V. BONAVENTURE DE POUTIER, écuyer, seigneur de Nancray, Gouhelans et Vauconcourt, fils de Denis de Poutier, chevalier, seigneur de Sône, Nancray, etc., et de Prospère de Maisières, épousa, d'après son contrat de mariage, passé à Besançon, devant Perrenot, notaire, le 3 avril 1699, Eléonore d'Esprel[1], fille d'Adrien d'Esprel, chevalier, seigneur de Gouhelans, et de dame Marguerite du Tartre, dame de Borrey. De cette alliance sont issus :

1° Claude-François de Poutier, qui figurera au VIe degré ;

2° Claude-Prosper de Poutier de Vauconcourt, chanoine du chapitre de la Métropolitaine de Besançon, sur la preuve de seize quartiers de noblesse, qu'il présenta en 1746 ;

3° Jeanne-Claude, admise, en 1732, sur la même production de seize quartiers de noblesse, au chapitre de l'abbaye royale de Château-Chalons ;

4° Claudine-Charlotte, mariée, en 1731, à Luc de Belot de Chevigny[2].

VI. CLAUDE-FRANÇOIS DE POUTIER, écuyer, seigneur, baron de Gouhelans, marié, suivant contrat passé à Naisey, de

---

1. D'Esprel, ancienne chevalerie : de gueules au chevron engreslé d'or accompagné de trois étoiles rayonnantes de même.

2. De Belot : d'argent à trois losanges d'azur posées 2 et 1, au chef cousu d'or et bastillé de trois pièces.

vant Marchand, notaire royal, le 4 juin 1740, à Marie-Josèphe de Sagey [1], fille d'Antoine-Adrien de Sagey, chevalier, commandant d'un régiment de milice, chevalier de Saint-Louis, seigneur de Naisey et de Pierrefontaine, et de Jeanne-Françoise de Cécile. Le 16 avril 1747, le seigneur de Gouhélans fit son testament qui fut publié le 4 mars de la même année. Il laissa deux enfants :

1° Marie-Françoise de Poutier ;

2° Antoine-Eléonor de Poutier, qui suit.

VII. ANTOINE-ELÉONOR , BARON DE POUTIER de Gou helans, écuyer, seigneur de Gouhelans, né le 14 avril 1744, fut admis aux chevau-légers, sur le certificat de noblesse qui lui fut délivré, le 2 avril 1759, par le généalogiste des Ordres du Roi. Il prouva seize quartiers pour son admission à la confrérie des chevaliers de Saint-Georges., en 1762, fut capitaine de dragons au régiment du Colonel-Général, lieutenant-colonel de chasseurs, et enfin maréchal de camp ou général de brigade. Il mourut en l'année 1825, ne laissant de son union avec Marie-Charlotte de Pra-Peseux [2] que deux filles :

1° Marie-Victoire de Poutier de Gouhelans, née en 1783, morte en 1863, mariée au comte de Lallemand [3], descendant de Jean

---

1. De Sagey, ancienne chevalerie : d'azur à la croix ancrée d'or.

2. De Pra-Peseux, ancienne chevalerie : de gueules à la bande d'argent accompagnée de deux cors de chasse de même.

3. De ce mariage, sont nés un fils, le comte de Lallemand, ancien attaché d'ambassade en Chine, et une fille mariée au baron Arthur de Wall, ancien officier de marine. — Lallemand porte : d'argent à trois aigles de sable posées deux et une.

Lallemand de Vaite, comte palatin, baron de Bouclans, ambassadeur de l'empereur Charles-Quint;

2° Sophie de Poitier de Gouhelans, morte, sans alliance, au château de Malans.

* 9 7 8 2 0 1 2 8 6 3 6 0 6 *